AF242581

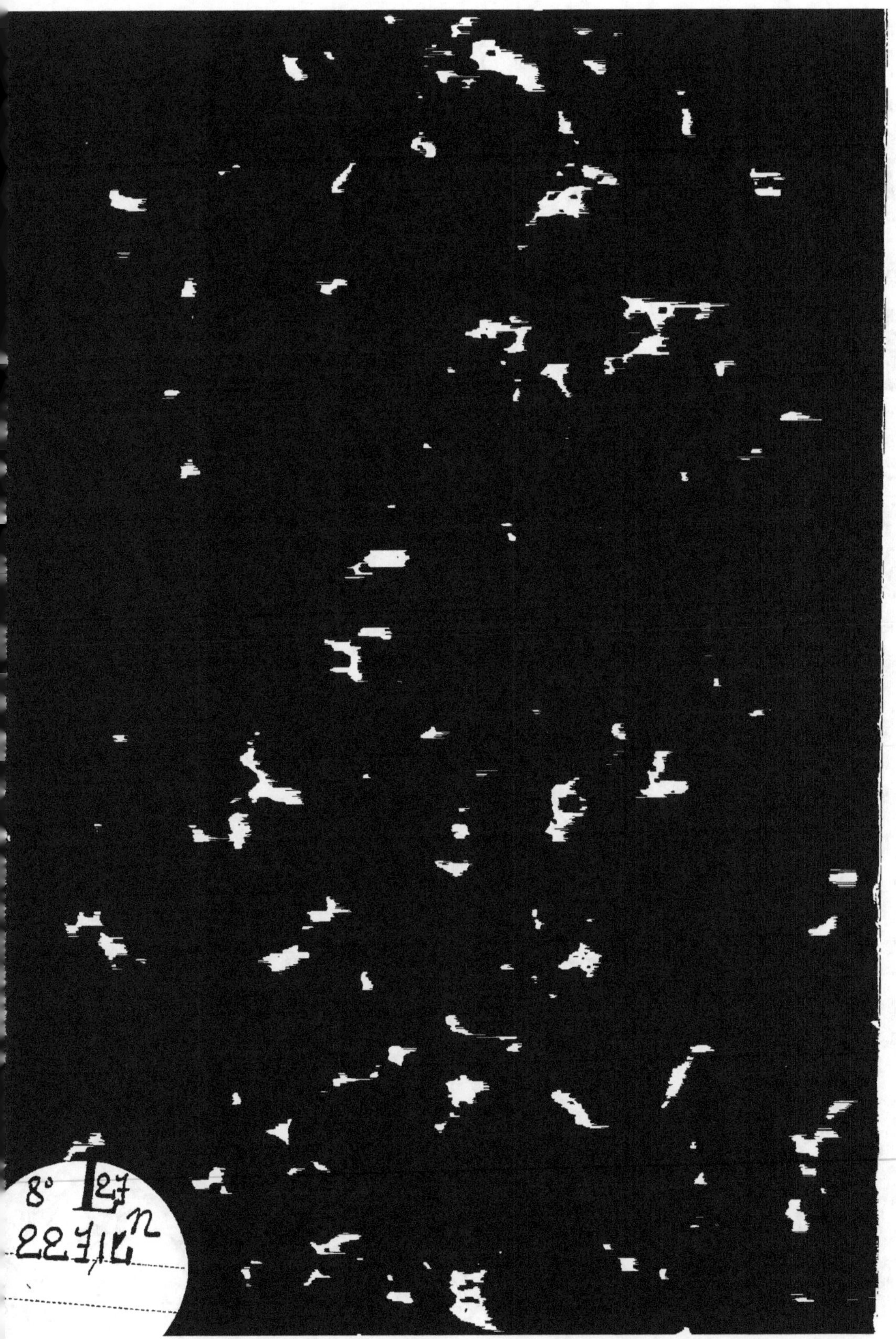

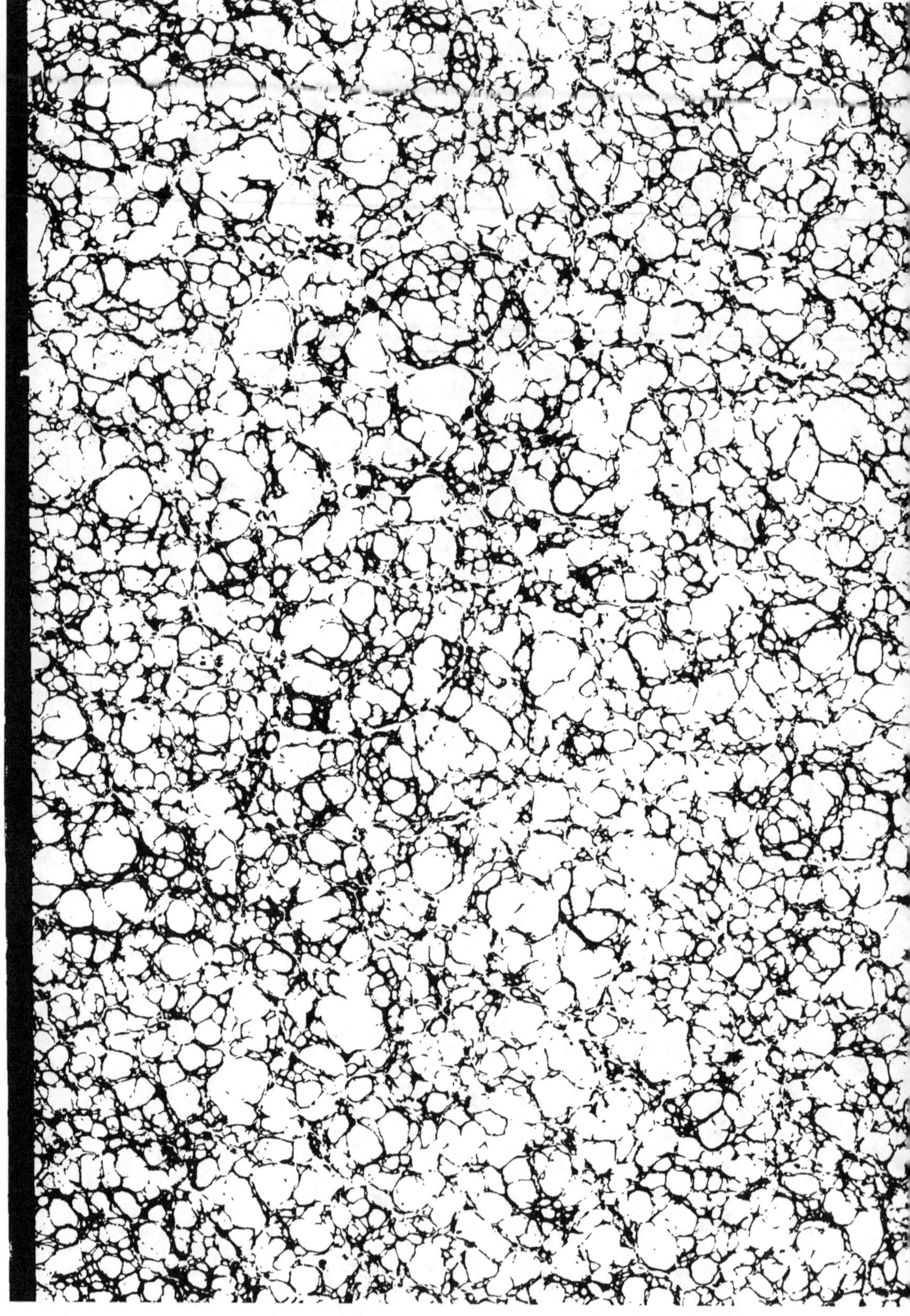

de la part E. de Budé.

NOTICE BIOGRAPHIQUE

SUR

GUILLAUME BUDÉ

GUILLAUME BUDÉ

A MA FAMILLE

NOTICE BIOGRAPHIQUE

SUR

GUILLAUME BUDÉ

PAR

EUGÈNE DE BUDÉ

GENÈVE

IMPRIMERIE PFEFFER & PUKY, RUE DU MONT-BLANC

1857

PRÉFACE

Le regret bien naturel de ne posséder aucune notice sur Guillaume Budé, s'était depuis longtemps manifesté chez plusieurs de mes parents ; c'est donc le désir seul de répondre à leur vœu qui m'enhardit à écrire ces quelques pages.

Cette biographie est essentiellement écrite pour la famille ; les personnes auxquelles je la dédie descendant toutes de Guillaume Budé, j'espère, en leur retraçant les principaux faits de la vie de ce grand homme, exciter en elles assez d'intérêt pour qu'elles me pardonnent volontiers les nombreuses imperfections échappées à ma plume.

Les notes qui ont servi de base à ce travail seraient restées, peut-être, ignorées de la plupart de mes lecteurs, soit qu'elles fussent éparses dans des livres latins, soit que, dans les ouvrages écrits sur François Ier

et sa cour, elles se trouvassent constamment mélées aux détails grossiers d'une époque aussi corrompue.

J'eusse pu, en terminant, publier quelques-unes des nombreuses pièces de vers que les poëtes du temps adressèrent à Guillaume Budé, et c'eût été faire un bel éloge de ce savant que de montrer l'enthousiasme qu'excitèrent chez ses contemporains la force de son génie et l'étendue de ses connaissances. Mais l'analogie des idées que ces odes renferment me dispense de cette publication. Je me bornerai donc à citer deux ou trois de ces poésies dans le cours de cette biographie.

Parler en peu de mots des écrits et des faits qui ont jeté tant d'éclat sur la vie de ce profond érudit, donner l'esquisse fidèle de cet homme qui, par les lumières de son génie, a contribué si fortement à illustrer le règne de François Ier, et qui, par l'austérité de ses mœurs, a offert un si frappant contraste avec la dissolution de son siècle : tel est le but que je me propose dans cette notice. Puissé-je n'en être pas resté trop éloigné !

GUILLAUME BUDÉ

Guillaume Budé naquit à Paris en 1467, d'une famille déjà fort ancienne. Son père, Jean Budé, grand audiencier de France, était un homme riche et très-instruit pour l'époque. Il mit de bonne heure son fils entre les mains de précepteurs qui devaient lui apprendre la littérature : les écoles du temps étaient trop mal dirigées pour qu'on pût songer à l'éducation publique. A peine le jeune homme commençait-il à lire ses auteurs latins, qu'on l'envoya à Orléans étudier le droit. Mais il n'y fit pas grands progrès, et ne tarda pas à revenir auprès de son père, avec le dessein bien arrêté d'abandonner entièrement les études. Dès lors il vécut en vrai gentilhomme[1]; la chasse était sa principale occupation, et le plaisir sa devise. Toutefois, ces frivoles

[1] Budé s'occupait d'orner ses écuries des plus beaux chevaux, et tâchait de surpasser par ses meutes celles des autres seigneurs.

passe-temps ne furent pas pour lui de longue durée : il reconnut avec sens que ce n'est point dans les joies mondaines que réside le véritable bonheur ; que ces joies ne laissent rien après elles, dans un âge avancé, sinon le regret de les avoir perdues : tandis qu'une jeunesse passée dans de sérieux travaux prépare pour le vieillard une infinité de ressources et de jouissances, dont il savoure la douceur jusqu'à sa mort.

Tel fut le changement qui s'opéra en Budé à l'âge de vingt-quatre ans. Il sentit les pertes de temps que les dissipations de sa jeunesse lui avaient causées, et se mit en devoir de les réparer. Les jours n'étaient pas assez longs pour lui : il veillait des nuits entières au milieu des livres, tant le désir d'apprendre le tourmentait. Pour satisfaire aux exigences de cette passion de l'étude, il n'y avait pas de torture qu'il ne fît endurer à son pauvre corps. Il usait son être par le travail ; mais l'espoir de laisser un nom à la postérité, le consolait de la brièveté d'une vie qu'il semblait abréger à plaisir.

Sans maître et sans guide, il rencontra bien des pierres d'achoppement sur son chemin. Il commit de graves fautes dans ses premières lectures. Il choisissait souvent le plus méchant ouvrage, et lisait de mauvais traducteurs avec plus d'attention que les au-

teurs eux-mêmes. Il comprit bientôt qu'il faisait fausse
route ; aussi résolut-il de se garer désormais des traductions, et de ne s'attacher qu'aux bons écrivains, à
Cicéron entre autres, dans le but de se former au style
et à l'éloquence. Pour recueillir des fruits abondants
de ses lectures, il se forma vite une bonne méthode :
c'était de lire plusieurs fois le même livre, et de com-
parer le commencement avec le milieu, et le milieu
avec la fin, moyen efficace de retenir le fil du discours,
et de s'habituer à la synthèse des idées.

La persévérance est un des principaux traits du caractère de Budé. Lorsqu'il rencontrait quelque point obscur
chez un auteur latin, jamais il n'allait en avant sans
l'avoir éclairci. Cette habitude de ne point abandonner
la partie pour un mot ou un passage difficile, le rendit
en peu de temps bon latiniste.

L'étude du grec vint bientôt enflammer son zèle. A
cette époque, Georges Hermonyme de Sparte se rendit
à Paris ; c'était un homme dont le savoir n'était pas
très-étendu ; mais comme il était le premier helléniste
qui eût paru en France, on le recherchait beaucoup.
Budé ne tarda pas à faire sa connaissance. Il le fit venir
chez lui, et lui paya ses leçons au prix de l'or [1]. Her-

---

[1] On nous dit que Budé lui donna cinq cents écus d'or pour ses
quelques leçons.

monyme lut à son élève les poëmes d'Homère, et les œuvres d'Aristote ; mais comme il ne savait en fait de grec que la langue vulgaire[1], et qu'il ne s'était point livré aux recherches profondes des savants hellénistes, il ne tarda pas à être dépassé par son élève.

Tout en était là, lorsque passa d'Italie en France un homme qui éclipsa Hermonyme par son savoir et surtout par sa vaste intelligence. C'était Lascaris, dont la brillante réputation attira bientôt Guillaume Budé. Malheureusement, les charges que remplissait Lascaris à la cour, et ses fréquentes ambassades, lui permirent seulement de donner à notre savant des avis, et des explications cursives, malgré le vif intérêt qu'il lui portait, et sa bonne volonté de lui être utile. Ces excellentes directions, quelque rares qu'elles fussent, profitèrent tellement à Budé, qu'il occupa dès lors, de l'aveu de tous, le rang de premier helléniste. Lascaris lui-même, frappé d'admiration pour l'élégance de sa diction, marquée au coin du plus pur atticisme, disait de lui ce qu'Apollonius disait de Cicéron : « La science et « l'éloquence, qui seules appartenaient aux Grecs, avaient « passé, grâces à lui, en France, comme jadis elles étaient

---

[1] Hermonyme était un copiste qui eut l'avantage de montrer à son élève de fort beaux manuscrits.

« entrées à Rome, grâces à Cicéron, qui les avait ar-
« rachées à la Grèce languissante. »

Le talent que Budé avait acquis dans la langue
d'Homère, le rendit en peu de temps célèbre. Chris-
tophle Longueil réclama la faveur d'en prendre des
leçons. Budé lui répondit naïvement que ses occupations l'en empêchaient, mais qu'il lui procurerait un
maître moins bon que lui, et que dans ses moments de
loisir il s'empresserait de lui expliquer lui-même les
points obscurs, et de lui interpréter les passages les
plus difficiles. Longueil envisagea cette réponse comme
un refus, et se prit à accuser faussement Budé de ne
vouloir admettre personne dans ce genre d'étude, et
d'être jaloux de ceux qui auraient pu, en suivant la
même carrière, partager sa gloire et sa réputation. Il
résolut de partir pour Rome, afin d'y apprendre le grec,
mais dans l'espoir surtout de surpasser celui dont il
avait eu à essuyer un refus qui blessait son amour-pro-
pre. Il se berçait de cette douce espérance qu'entre-
tenait sa jalousie. Après avoir étudié cinq ans avec de
bons professeurs, il écrivit à Budé une lettre en grec,
croyant l'avoir surpassé. Budé prit immédiatement
la plume, et lui répondit dans un style si élégant
et si pur, qu'il fit d'abord l'admiration, puis le désespoir de Longueil. Découragé à la vue de l'abîme qui

le séparait de Budé, Longueil renonça au grec, et revint au latin.

Budé apprit les mathématiques de Jacques Lefèvre. Tous les problèmes que le professeur soumettait à son élève, celui-ci les résolvait avec la plus grande facilité.

Une faculté bien précieuse avait été accordée par la nature au savant qui nous occupe aujourd'hui : je veux parler de la mémoire, que le travail et l'exercice contribuèrent puissamment à développer. Elle était telle que les choses une fois sues, il lui était impossible de les oublier. Les vers qu'il avait appris étant jeune, il pouvait vingt ou trente ans plus tard les réciter sans faute et sans la moindre hésitation.

Mais ce qu'il y avait de plus remarquable chez cet homme, c'était l'aptitude au travail. Rien ne pouvait le détourner de ses occupations scientifiques. Un jour que Budé étudiait dans sa bibliothèque, un domestique tout effrayé vint lui annoncer que la feu était à la maison. « Allez avertir ma femme, » lui dit l'illustre savant, sans détourner les yeux du livre qui l'absorbait tout entier ; « vous savez bien que je ne m'occupe pas des affaires du ménage ! »

Un autre jour, comme il se trouvait à la cour, et que les savants dissertaient sur différents sujets en présence même de François Ier, Viste, le président du

Conseil de Paris, le voisin et l'ami de Budé, se mit à parler avec éloge de l'activité de ce dernier. « J'habite depuis dix ans en face de sa maison, dit-il, et jamais je n'ai vu cet homme dans l'oisiveté, pas même les jours fériés. Jamais je ne l'ai vu se promener après son dîner, ou regarder passer dans la rue, comme tant de gens ont coutume de le faire. » Budé avoua devant l'assemblée, que le dimanche, après le service divin, au lieu d'aller jouer, il rentrait chez lui pour écrire.

On sait que le jour de ses noces, notre helléniste travailla trois heures, pour ne pas perdre toute sa journée. Père de famille, il ne négligea en rien l'étude : tout ce qu'il accordait à sa santé, c'était avant son repas une promenade de quelques minutes.

Il n'acceptait jamais de festins. Il rompit avec énergie toute relation avec ses anciens compagnons de plaisir. S'il faisait l'effort de quitter sa bibliothèque, c'était pour se réunir à des hommes distingués, et de la conversation desquels il pût tirer quelque avantage.

Guillaume Budé n'avait pas seulement étudié les auteurs anciens, tant grecs que latins : il connaissait encore les beaux-arts, les sciences naturelles, la philosophie, l'histoire, la médecine, la théologie, et le droit. Et cependant, bien loin de faire parade de son savoir, il le cachait ; personne ne se vantait moins que lui. La modestie n'est-elle pas toujours la preuve du vrai mérite? S'il parlait des lettres, s'il donnait quelque appréciation à cet égard, c'est qu'on l'y forçait, ou qu'on l'en priait instamment.

Non content d'avoir des connaissances étendues, il voulait toutes les approfondir. Il se mit bientôt à reprendre, avec ardeur, le droit qu'il avait étudié dans sa première jeunesse. Ses amis voyant qu'il avançait en âge, et qu'il s'adonnait entièrement aux sciences, sans songer à augmenter, ou tout au moins à conserver son bien, faisaient tous leurs efforts pour tourner ses regards vers son propre intérêt, lui prédisant la pauvreté comme conséquence inévitable de sa manière de vivre.

Les inquiétudes de ses amis n'étaient rien, comparées à celles de son père. Ce dernier, voyant l'ardeur exagérée que son fils apportait au travail, conçut de graves inquiétudes sur la santé de son enfant. Espérant le détourner des lettres et des sciences, il lui proposa d'embrasser une carrière civile qui lui ouvrît la porte des honneurs et de la fortune. Mais, ni les plus tendres exhortations, ni les avertissements les plus sévères, ne produisirent d'effet sur cette constance opiniâtre. Jean Budé se fit un devoir de lui parler une dernière fois en ces termes: « Mon fils bien-aimé, as-tu donc résolu

« de te tuer par les veilles? T'ai-je élevé avec tant de
« soins pour que tu te détruises comme à plaisir?
« Pourquoi voudrais-tu attrister mes vieux jours par le
« deuil et l'affliction? Faut-il, lorsque la nature vous
« doue des plus précieux de ses dons, de cette grande
« facilité, et de cette application remarquable, faut-il
« négliger sa santé, mourir jeune encore, ou voir, par
« l'insouciance de ses intérêts, s'anéantir la fortune
« héritée de ses pères. Vois plutôt tes ancêtres, quelle
« noble carrière ils s'étaient choisie. Tous ont recueilli
« à pleines mains les faveurs des rois. Fais comme eux,
« je t'en conjure; ou, du moins, si tu persistes dans tes
« travaux, apportes-y de la modération. Avec de la mé-
« thode et du discernement, la vie est bien assez longue
« pour faire un savant. Si mes discours ne te touchent
« point, ceux des autres ne sauraient désormais te
« fléchir; car personne ne peut te parler avec plus de
« bienveillance que ton père. »

Ces pénétrantes exhortations vinrent se briser contre
la volonté de fer de Guillaume Budé. Il persista dans
son déplorable genre de vie, disant qu'il fallait cou-
rir des dangers plutôt que de renoncer à la science.

Mais il ne tarda pas à tomber malade. Son esprit fut
affecté de misanthropie; l'activité de son intelligence,
son goût pour l'étude s'affaiblirent un peu. Sa mala-

die consistait en une tumeur au col, accompagnée de violentes douleurs. La nuit, il était en proie à de telles angoisses, que le lendemain il était tout étonné de se trouver en vie. La pâleur le rendait encore plus effrayant dans sa maigreur. Ses cheveux tombaient chaque jour, et la fièvre le visitait sans cesse. Sa femme [1] tâchait d'alléger les souffrances croissantes de son mari; mais les soins n'apportaient aucune amélioration à son triste état. Les médecins promettaient nue entière guérison, si les humeurs, qu'ils regardaient comme la cause de ses maux, pouvaient s'évaporer promptement. En conséquence, ils lui proposèrent de percer son crâne avec un fer chaud. Cette opération douloureuse n'amena pas le plus petit résultat satisfaisant; et les médecins durent avouer leur insuccès, car cette maladie dura vingt ans; mais Budé profita des phases meilleures qu'elle lui offrit, pour publier les nombreux ouvrages que ses longues et pénibles recherches l'avaient mis à même de composer. Arrêtons-nous sur ces intéressants travaux, pour reprendre un peu plus tard la vie de leur auteur.

Le premier échantillon qu'il donna de son génie fut

---

[1] Budé avait épousé, en 1503, Damoiselle Roberte Le Lieur, issue d'une noble et ancienne famille de Normandie.

une traduction de Plutarque, traduction d'un rare mérite, et qui parut en 1502.

Le succès qu'il obtint fut tel, nous dit-on, qu'on aurait eu de la peine à le croire traducteur, si de nouveaux travaux ne fussent venus confirmer, et même surpasser l'idée qu'on s'était faite de lui.

En lisant avec avidité le livre des *Pandectes*, Budé s'indigne à la pensée que des lois imaginaires se sont mêlées aux lois anciennes; il s'effraie à la pensée du nombre infini de jurisconsultes ignorants qui ont annoté les Pandectes, et ne peut supporter que l'on vienne, en matière de droit, citer un Alexandre, un Le Palermitain, un Barbatius, et tant d'autres. Il veut sauver le droit civil et le droit canonique de cette corruption; il sent la nécessité d'une réforme, et devient lui-même le réformateur. Dans ce dessein, il prouve combien le jurisconsulte trouve de l'avantage à être philologue, et montre, comme le dit M. Rebitté, ce que peut un jurisconsulte pour l'explication et la constitution du texte des lois, quand il s'appuie sur une connaissance vaste et intime de la littérature antique.

Il publia ses notes sur les *Pandectes* en 1508, et les augmenta en 1526. Il y discute plus de sept cents articles, en faisant preuve d'une science aussi profonde qu'étendue, et d'une connaissance vraiment étonnante de l'antiquité.

Il laissa un *Dictionnaire* des expressions du barreau [1]. Toutefois, comme cet ouvrage se composait de notes jetées de temps à autre sur le papier, il n'offrait pas assez d'unité et de méthode pour qu'on pût le publier sans compromettre la réputation de son auteur.

Après avoir fait une moisson de lauriers, par ses traductions de Plutarque et ses notes sur les Pandectes, il composa son beau livre sur les anciennes monnaies, le *De Asse* [2]. Il fait connaître les poids et les mesures des Anciens, tant grecs que latins, chose utile à cette époque où la numismatique était une science fort peu connue. Hermolaüs, Politien, avaient complétement échoué dans un travail analogue, mais Budé réussit pleinement. Ce dernier établit le rapport des anciennes monnaies aux monnaies de son temps, et dut faire pour cela des calculs compliqués.

Un ouvrage d'un aussi grand prix ne put paraître sans exciter la jalousie et le blâme. De tout temps il y

[1] *Forensia.*

[2] Il existe un abrégé français du *de Asse,* dont Budé serait lui-même l'auteur; tout porte à croire cependant que cet abrégé a été fait après la mort de Budé, sur le travail de ce dernier.

a eu de pauvres auteurs qui, voyant avec désespoir le succès des autres, se sont imaginé qu'ils ajoutaient à leur petite réputation ce qu'ils enlevaient aux bons écrivains par le mensonge et la calomnie. Mais ces gens médiocres se font un grand tort à eux-mêmes : ne pas apprécier les œuvres d'un mérite supérieur, c'est donner une triste opinion de son esprit et de son goût littéraire.

Les malicieux propos n'empêchèrent pas la propagation du *De Asse*, qui se répandit bientôt dans tous les pays. Il y avait à cette époque en Italie, un homme appelé Leonardo Portio qui eut l'audace de se l'approprier. Quand cette nouvelle parvint aux oreilles de Budé, il entra dans une terrible colère, et témoigna publiquement qu'il n'avait jamais emprunté aucune idée à Portio, tandis que ce dernier était un infâme plagiaire. Mais, pour ne pas laisser se prolonger le débat, Lascaris, l'ami des deux adversaires, fit une intervention pacifique dans cette querelle. Budé, qui perdait par ce vol manifeste le plus beau titre de gloire, fut difficile, comme cela se comprend, à ramener à des sentiments de réconciliation.

Un Allemand, Agricola, jaloux des succès du savant français, l'attaqua. Celui-ci répondit en homme d'esprit qu'il ne tenait nullement à la réputation, et que dès que quelqu'un l'aurait surpassé, il se ferait un plaisir de lui céder la gloire et les honneurs.

Budé publia son *De Asse* en 1514. Le fond de l'ouvrage, comme nous l'avons déjà dit, consiste dans l'étude des monnaies et des mesures grecques et romaines, mais à ce fond l'auteur (sans trop s'écarter de son sujet), rattache une foule de détails qui piquent la curiosité, sinon l'intérêt du lecteur[1].

Il a écrit aussi des *Commentaires grecs* de grand prix, dans lesquels il fait ressortir toutes les beautés de cette langue. Il compare le grec avec le latin, en montrant leur parenté. Les mystères, qui n'étaient auparavant que le partage des plus profonds hellénistes, il les met à la portée de toutes les intelligences.

Cet ouvrage, dans lequel l'auteur jette de la lumière

---

[1] Comme pour répandre à pleines mains une érudition qui s'étendait à toutes les branches de l'archéologie, selon l'occasion Budé touche à tout, et nous rapporte, par exemple, qu'Annibal ouvrit en Espagne des mines dont les traces subsistent encore; il discute combien d'années se sont écoulées depuis Moïse jusqu'à la guerre de Troie; il explique l'Apocalypse; nous apprend que le vin de Paris a l'heureuse propriété de ne point porter à la tête, qu'Appien écrivit son histoire sous Adrien; il trouve moyen de donner un souvenir à Castor et Pollux, il sait à quelle somme la tête de Cicéron fut évaluée; et que ne sait-il pas? (REBITTÉ.)

sur tout ce qu'il expose, embellit tout ce qu'il retouche, porte la date de l'année 1529.

La préface en grec est adressée à François Ier ; l'épilogue, écrit également en grec, est dédié aux jeunes hellénistes.

Dans sa préface, il rappelle au roi les promesses qu'il a reçues de lui, celles de protéger « les bonnes études. » « Souvenez-vous, Prince, dit Budé, de ce que
« vous nous avez promis, d'abord en ne suivant que
« vos propres inspirations, ensuite pour répondre à
« nos instances. Nous vous avons représenté la philo-
« logie comme une fille pauvre, qui était à marier, et
« nous vous avons prié de lui faire une dot. Vous nous
« avez promis, avec cette bonté naturelle et spontanée
« qui vous est propre, que vous fonderiez une école,
« une pépinière en quelque sorte, de savants, d'érudits
« renommés. Vous nous avez dit que vous orneriez
« votre capitale de cet établissement, qui doit être pour
« toute la France une sorte de musée. D'après vos
« promesses, un magnifique bâtiment devait s'élever, où
« les deux langues seraient enseignées ; dans ce temple
« des bonnes études, vous deviez fournir, à ceux qui
« voudraient s'y livrer, un entretien convenable et les
« loisirs nécessaires ; le nombre des membres de cette
« communauté, consacrée à Minerve et aux Muses, vous

« ne l'avez pas limité à l'avance ; vous avez décidé
« qu'il serait considérable. Voilà ce que vous avez
« promis !

« Or, à l'heure qu'il est, on dit que vous n'avez pas
« tenu vos promesses ; et comme je m'en suis porté
« caution, on s'en prend à moi de ce retard. »

Cette préface est importante. On voit que jusqu'en
1530, on s'attendait à la fondation du *Collége de France,*
et que l'on désirait ardemment voir exécuter les promesses du roi. Dans la même année furent créés les
professeurs royaux, mais cette institution était bien
différente de l'établissement d'un collége spécial, et
très-loin de répondre aux vœux formés par tous les amis
des lettres.

L'ouvrage proprement dit des *Commentaires* [1], est
une suite d'articles dans le développement desquels
l'auteur montre autant de science, qu'il montre peu
d'ordre et de méthode. « Il commence par expliquer
« un mot grec, dit M. Rebitté, et, sans s'arrêter jamais,
« sans aucune division, ni pour l'esprit, ni pour les
« yeux, il passe à un autre mot, jusqu'à ce que le livre

---

[1] Il y a deux éditions des Commentaires : l'une de Josse Bade,
l'autre de Robert Étienne. Cette dernière est de huit ans posté-
rieure à la mort de Budé.

« s'arrête. » Budé se montre néanmoins savant grammairien, et n'oublie point la langue latine, car à côté des sept mille articles grecs qu'il traite à l'aide de sa vaste érudition, il trouve encore le moyen de traiter cinq cents articles latins.

Dans l'*Epilogue* Budé explique le but qu'il s'est proposé dans cet ouvrage : il a voulu éclairer de ses conseils la route difficile que les jeunes hellénistes se proposent de suivre. Il s'accuse avec modestie de leur donner de bien faibles lumières, et il espère que d'autres rempliront un jour les lacunes qu'offre son œuvre. Puis il termine en témoignant le vœu de voir avant sa mort, fleurir les bonnes études dans tout leur éclat. On ne remarque, dans cet épilogue, aucune allusion à l'institution des professeurs royaux ; on pense généralement que Budé y ajoutait trop peu d'importance, et ne voyait en cette création qu'une manœuvre habile par laquelle le roi éludait l'exécution de ses promesses.

Passons maintenant à l'examen des *Opuscules* de Budé, et commençons par celui intitulé : *Du mépris des accidents de fortune*[1].

Par cet écrit, publié en 1520, l'auteur répond à une lettre qu'il a reçue de son frère, et dans laquelle

---

[1] De contemptu rerum fortuitarum, libri tres.

celui-ci se plaint de la fortune, qui ne lui donne point ce qu'elle lui a promis. Dans cette réponse, notre savant se montre philosophe ; les déceptions, les épreuves par lesquelles il a dû passer lui-même, lui ont appris ce que c'est que l'existence humaine ; aussi, pour sortir victorieux de cette lutte de tous les jours qu'on nomme la vie, engage-t-il fortement les hommes à l'étude de la philosophie ; il se console d'ailleurs de l'injustice de ce monde, en pensant à la justice divine et tonne contre notre amour pour les biens périssables d'ici-bas.

Le second opuscule de Budé est intitulé : *Des principes à suivre dans l'étude des lettres anciennes*[1] ; nous le plaçons en 1527. On y voit le reflet de cette hésitation qui fit balancer l'esprit français entre le rationalisme grec et le christianisme. Budé se déclare bientôt pour l'hellénisme, tout en voulant que l'on prenne un juste milieu entre l'éloquence antique et la vérité religieuse. Budé, dans ce petit ouvrage, s'abandonne à sa facilité naturelle, et fait tant de dissertations sur l'antiquité, qu'il omet presque de répondre à la question même posée par le titre de son livre ; mais il s'en aperçoit bientôt, et, pour réparer son oubli, il donne des

[1] De studio Litterarum recte et commode instituendo.

conseils aux littérateurs, les engageant à suivre une branche spéciale plutôt que d'embrasser des études générales. Autre part, Budé se montre champion de la langue latine : c'est en cette langue, selon lui, qu'il faut écrire. Il ne croyait pas, du reste, à la perfectibilité du français, et ne fondait aucun espoir sur sa langue vulgaire ; il ne devinait pas, comme on l'a dit, le seizième siècle avec Ronsard et Montaigne, ni le dix-septième siècle avec Racine et Bossuet. Si les idées ont changé depuis l'antiquité, si des mots nouveaux, correspondant à des choses et à des idées nouvelles, viennent chaque jour s'ajouter aux anciens termes, c'est le latin que l'on doit modifier en l'enrichissant de nouvelles expressions. « Il faut, « dit Budé, faire pour cette langue ancienne, qui ne s'ac- « commode plus à tous nos besoins, ce qu'on fait pour « un habit qui ne va plus, parce que les formes du « corps sont changées : il faut retoucher et rajuster « la langue latine pour l'accommoder aux nouveaux « besoins, au nouvel état de la société et de la reli- « gion. » L'auteur finit par un appel à la bienveillance des princes pour la protection de la philologie.

Le troisième opuscule de notre savant, qui a pour forme un dialogue entre François Ier et Budé[1], est in-

---

[1] De philologia, libri duo.

titulé : *De la Philologie*[1]. Dans ce traité, que nous plaçons en 1530, l'auteur, comme toujours, recommande les bonnes études à la bonté du roi. Il se plaint avec amertume de ce que toutes les carrières sont encouragées, et qu'à leur succès s'ajoute encore le gain et mille autres priviléges, tandis que la littérature est l'objet de l'injustice humaine ; mais il n'a pas perdu de vue les promesses du roi et la fondation d'un collége ; il se console par la perspective de cette institution, tout en faisant au prince des insinuations fort habiles.

Le quatrième opuscule de Budé, qu'on place en 1534, est intitulé : *De l'accord du rationalisme grec avec la théologie chrétienne*[2]. Le but de cet ouvrage est de prouver que la philologie est loin d'être incompatible avec la théologie, et que si cette dernière se voit honorée et pratiquée, cela ne veut point dire que les études littéraires aient perdu de leur dignité.

Passons en dernier lieu aux *Lettres* de Budé. Cette correspondance est malheureusement incomplète, et la plupart des lettres sont sans date. Toutefois ce recueil est précieux, et nous confirme dans l'idée que nous nous sommes faite de leur auteur par l'examen de ses

[1] De philologia, libri duo.
[2] De transitu Hellenismi ad Christianismum, libri tres.

autres ouvrages. Il s'y montre toujours passionné dé-
fenseur de l'antiquité, et laisse percer à chaque instant
une vive sollicitude pour que l'instruction se propage
rapidement. L'anecdote suivante montrera ce qu'était
le père de la philologie pour la jeunesse studieuse:
Un soir Budé soupait chez Robertet son intime ami,
dont les deux fils étaient en pleine éducation; à peine
s'est-il assis à la table de famille, qu'on lui remet une
lettre. Quelle surprise, après l'avoir décachetée, de
voir qu'elle est écrite en grec, et signée des deux fils
de la maison, qui réclament une réponse de l'illustre
helléniste! Ce dernier ne la fit pas attendre, et leur
écrivit plus d'une fois, pour leur donner de bons
conseils.

Parlons maintenant des reproches qu'on adres-
sait à Budé, sur ses ouvrages en général, et voyons
comment il se justifiait devant ses accusateurs.

Il affectionne trop, remarque-t-on, les métaphores; il
s'éloigne de la simplicité naturelle; il s'abandonne à
l'ardeur de son esprit, et dans sa course rapide, ne
pouvant plus carguer ses voiles, il vogue au gré de son
enthousiasme. De là un certain désordre et un manque
de précision. — Voici comment on peut expliquer ces
défauts. Élevé d'abord, par sa faute, d'une façon peu
libérale, et n'ayant reçu jusqu'à l'âge de vingt-quatre

ans que l'éducation d'un enfant, il n'avait eu, dans sa première jeunesse, personne qui pût lui montrer la véritable route de l'éloquence, ou réprimer sa verve juvénile. Les docteurs du temps l'invitaient à se rabattre, et Érasme, qui lui adressa tous les reproches dont je viens de parler, disait en riant de lui que les dispositions naturelles sont celles qui influent le plus sur les sentiments de l'homme.

Quant à l'obscurité qu'on lui reprochait, Budé la considérait comme une qualité ; il ne voulait n'être compris que de peu de gens. Puis, si certaines personnes étaient blessées de ses métaphores, il s'en servait à l'imitation des sommités de la langue latine, qui donnent à cette figure la première place dans le discours et dans le style en général. Il ajoutait qu'il avait voulu exprimer avec élégance et éclat des choses difficiles à rendre, et que, dès lors, il n'avait ménagé ni les tropes, ni le nombre, ni toutes les ressources de la rhétorique, qui sont comme des étoiles semées dans le discours, pour l'éclairer et l'embellir. Enfin, s'il était trop prolixe, il préférait le luxe et la richesse à la médiocrité et à la pauvreté d'idées. Il réfuta les objections d'Érasme, et tout en les réfutant, il parle beaucoup du savant de Rotterdam. Longueil, pris comme juge dans ce différent, établit dans une lettre un parallèle fort intéressant entre les deux docteurs. Voici le résumé de ses appréciations : « En ce qui concerne la science, je ne vois pas en quoi Budé le cède à Érasme. Tous deux méritent, selon mon avis, une égale réputation d'éloquence, quoique dans un genre différent. Chez l'un et chez l'autre il y a une remarquable abondance d'idées et un heureux choix de mots ; et, pour prendre la comparaison d'un fleuve, Budé roulerait des ondes plus profondes, Érasme des eaux plus rapides. Pour prendre une autre comparaison, le corps du discours d'Érasme aurait de la chair et de la couleur, celui de Budé des muscles et du sang. Il y a dans Budé plus d'activité, dans Érasme plus de bonheur. L'un est sententieux, l'autre plaisant ; le premier accorde tout à l'utile, et l'autre au plaisir. Budé combat avec dignité et sérieux ; Érasme a pour armes la subtilité et la plaisanterie. Budé entraîne violemment à lui ; Érasme gagne la sympathie par sa douceur. Budé est varié dans ses figures, grave dans ses sentences, noble dans tout le discours ; Érasme est gracieux, populaire, fleuri, riche en termes, plein de facilité, brillant par son style, agréable par ses traits d'esprit. Ce que Budé fait avec le plus de qualité, c'est la critique foudroyante de son époque, qui mérite à un si haut point ses violents reproches. Érasme, lorsqu'il tance les mœurs, emploie des adoucissants, des collyres, des onguents, en un mot, des remèdes plus doux que Budé, qui attaque par des boissons amères et par des cautères une maladie déjà fort avancée. Si ces deux hommes eussent écrit l'histoire, Budé représenterait Thucydide, plus que Salluste; Érasme Tite-Live, plus qu'Hérodote. S'ils devaient écrire un poëme, l'un prendrait un ton tragique et héroïque, plus grandiose dans les termes et les expressions; l'autre traitera la comédie avec plus de grâce, le genre lyrique avec plus de douceur, l'élégie avec plus de tendresse. D'ailleurs, ces qualités supérieures, qui ne font défaut ni à l'un ni à l'autre, sont plus à découvert chez l'un, plus cachées chez l'autre. Égaux en résultat, différents d'aspect, Budé, comme on l'a dit avec raison, est né pour le discours, Érasme pour le jugement; l'un a reçu le souffle de Pallas, l'autre est entouré du chœur des Grâces. Érasme nous indique plutôt qu'il ne nous dit ce qu'il veut; Budé, par l'abondance immodérée de son langage, étouffe, pour ainsi dire, les semailles sous la richesse du gazon. »

Budé, dans une lettre adressée à Érasme, finit par ces mots, qui semblent avoir servi de base à l'épître de Longueil : « Il y a entre nous cette différence, dit

« Budé, que tu parles avec grâce et naturel, comme
« dans la conversation, tandis que moi je m'exprime
« avec le ton de la harangue. Aussi je fais irruption,
« toi tu glisses ; j'entraîne, toi tu charmes et tu com-
« mandes. Moi je dresse une panople de jeunes guer-
« riers, toi tu n'as qu'une armure légère. Tes efforts
« sont moindres, mais certains ; les miens sont grands,
« et je n'obtiens pas toujours d'aussi bons résultats.
« Enfin, tu sais mieux ce qu'il faut dans l'attaque, dans
« l'assaut, dans la défense, tu connais la palestre phi-
« losophique ; pour moi je m'élance à mon but sans
« tactique aucune. »

Avant de reprendre le récit de la vie proprement
dite de Budé, consacrons quelques lignes à ses relations
avec le docteur hollandais. Leur amitié fut parfois
troublée par quelques querelles. Il eut été difficile que
la jalousie ne parût pas avec cette grande rivalité de
gloire, puisque chacun voulait occuper le premier rang
dans les lettres. Tous deux se glorifiaient de rencontrer
un adversaire aussi distingué, et préféraient cette lutte à
une discussion avec des gens médiocres. Toutefois Budé
montra toujours de la bienveillance pour Érasme ; la
meilleure preuve que nous ayons à n'en pas douter,
c'est qu'il fit tous ses efforts pour l'attirer en France,
lui donnant comme appât les nombreuses faveurs dont

le roi l'avait rendu l'objet lui-même[1]. Mais quelques hommes détestables résolurent de les brouiller, et de mettre aux prises ces deux nobles gladiateurs. On voit, en effet, plusieurs traits que Budé lance à Érasme dans ses Commentaires. Budé s'y moque entre autres des gens qui publient chaque jour des écrits légers qui ne mériteraient pas de voir le jour ; on regarde cela comme une allusion aux nombreux opuscules d'Érasme. Cependant, après un examen plus attentif, on verra que Budé attaque moins Érasme par sa critique que certains auteurs de l'époque. Mais ces désaccords ne me paraissent pas sérieux, et ces deux savants, parcourant la même carrière, ont eu chacun de nombreux partisans et de passionnés admirateurs, qui se sont eux-mêmes disputés avec force sur les défauts et sur les qualités de leur maître ; c'est là, sans doute, la cause de ces semblants de luttes.

Après cette courte et imparfaite appréciation des œuvres de Guillaume Budé, nous revenons à sa biographie proprement dite :

[1] Budé répondait aux désirs du roi en engageant le savant hollandais à venir à la cour de France. Un historien a dit : François Ier disputait Erasme à Charles-Quint comme il lui avait disputé l'empire.

Budé était riche[1], bien que son père eût eu sept enfants ; ce fut pour lui un puissant secours pour satisfaire aux dépenses que nécessitèrent ses grandes études. Cette fortune consistait surtout en immeubles, au nombre desquels était un bel hôtel à Paris, rue Saint-Martin. Sur son portail il avait fait inscrire ces deux vers de Juvénal :

« Summum crede nefas animam præferre pudori,
Et propter vitam vivendi perdere causas[2] »

Il avait en outre deux maisons de campagne, l'une à Saint-Maur, l'autre à Marly, villas agréables qu'il dota de nouvelles constructions fort élégantes. Il disait en plaisantant avec Érasme : « J'ai des habitations à la Lucullus. » Dans son livre *de Asse*, il compare sa maison à celle de Tusculum, dans laquelle, loin des bruits de la capitale, il venait méditer, comme Cicéron, tout en se reposant au milieu de ses jardins, travailler, tout en goûtant le calme et le repos des champs. C'est dans

---

[1] L'aîné des enfants eut la moitié de la fortune, suivant la coutume du temps ; Guillaume Budé n'eut qu'un douzième du patrimoine.

[2] C'est un grand crime (sois-en bien persuadé) de préférer la vie à l'honneur : souvent, pour sauver son existence, on perd le droit de vivre.

ces douces retraites qu'il passait la belle saison ; comme dit Leroy, il était dans un port à l'abri des flots tumultueux de la ville, et loin des importunités des fâcheux.

Il reprit avec un zèle inouï la théologie, lisant tout ce que les savants ont écrit sur les choses divines, voyant bien qu'il ne faut pas s'attacher exclusivement aux études profanes, et qu'après avoir continuellement abaissé vers la terre ses regards, dans les différentes sciences qu'il avait embrassées, il lui fallait une fois lever les yeux vers le ciel. Il disait souvent que la religion est la route du Paradis. Aussi chercha-t-il à dominer tous ses mauvais penchants ; mais il ne put jamais réussir, malgré tous ses efforts, à réprimer sa colère ; il fut à la fin de sa vie aussi pétulant que le jour où il allait confondre Portio par une lettre violente que Lascaris empêcha de publier. Mais il regardait la colère comme un sentiment noble et légitime, comme un instrument nécessaire accordé à l'homme par la nature, enfin comme la preuve d'une âme grande et énergique.

Il était fort indulgent pour les autres auteurs ; on ne l'entendait jamais décrier personne. Lorsqu'on lui demandait son opinion sur les hommes d'esprit de son temps, il en parlait toujours avec éloge, se plaçant lui-même fort au-dessous de leur niveau, lui, leur maître à tous. Cette indulgence n'était pas chez lui l'indice d'un défaut de courage. En voici la preuve.

Au milieu des terribles tempêtes que souleva contre elle la langue grecque, qui passait alors pour la cause de tous les maux, les hommes qui la possédaient étaient regardés comme suspects en religion, et n'étaient point en sûreté, à cette époque de luttes acharnées. Budé conserva néanmoins pour le grec toute son estime, et sa ferme opinion à cet égard ne fut nullement ébranlée. Ce fut un vaillant champion de cette littérature chancelante. Tandis que dans le conseil on attaquait la langue grecque, en présence même du roi, l'illustre helléniste se levait toujours pour la défendre en éloquent avocat, et, comme on l'a si bien dit, il la gardait chez lui pour la soustraire aux attaques les plus redoutables.

S'il se fit des ennemis en prenant avec tant de chaleur la défense du grec, les hommes capables et distingués surent assez apprécier son mérite et son esprit dans cette circonstance. Il recevait chaque jour les lettres les plus flatteuses que lui adressaient des savants qui réclamaient la faveur d'entrer en relation avec lui. Budé les honorait bientôt de son amitié; il regardait tous les hommes lettrés comme des parents. Ses deux meilleurs amis étaient Louis Ruzé et François de Loines, hommes fort instruits, auxquels il était tellement lié, qu'il comparait leur société à celle de Cicéron, de Pomponius et de Brutus.

Parmi les érudits, celui qu'il affectionnait le plus, c'était son propre élève, Jacob Tusan, auquel il donna des leçons de grec, et qui, après lui, jouit de la réputation de premier helléniste.

Au sortir de sa longue maladie, Budé reconnut la sagesse des avis de son père ; aussi, sur la fin de ses jours, ne se livra-t-il pas avec autant d'ardeur à l'étude qu'il l'avait fait auparavant, s'attachant à fortifier son corps bien plus qu'à exercer son intelligence. Il travaillait lui-même dans son jardin ; il puisait de l'eau dans son puits pour en arroser les fleurs de son parterre ; il fendait du bois, taillait sa vigne, dirigeait ses bâtisses, et faisait de longues courses à pied. Ces différents exercices ne manquèrent pas de lui faire du bien. Le défaut général des savants est d'anéantir leurs forces par de longues et pénibles études, qui dessèchent le sentiment, enlèvent toute la grâce de l'esprit et la fraîcheur de l'imagination, pour ne faire acquérir après tout qu'une érudition vaste, mais aride.

Voyons maintenant le rôle que joua Budé à la cour de France. Il était au début de sa glorieuse carrière, lorsque Charles VIII l'appela auprès de lui. C'était grâces à Guidon de Rochefort qu'il devint l'objet d'une

telle faveur. Charles VIII, revenant de son expédition
de Naples, traversait l'Italie riche en hommes de lettres ; il avait conçu le dessein de les attirer en France
et d'en former une académie ; mais la mort soudaine
de ce monarque vint renverser ses plans.

Louis XII, qui semblait moins porté aux sciences, se
montra également favorable à Budé, auquel il confia
à plusieurs reprises une mission en Italie. Budé fit
preuve, dans ces ambassades, d'une telle finesse d'esprit et d'une si grande intelligence, que le roi ne tarda
pas à l'admettre au nombre de ses secrétaires. Mais
Budé abandonna bientôt la cour, où il jouait un rôle
si honorable, pour se hâter de regagner ses pénates et
sa bibliothèque. Cette place de secrétaire lui faisait
perdre trop de temps. En vain Louis XII lui offre-t-il
d'entrer dans le conseil des Cents, Budé refuse obsti-
nément.

François Ier eut plus d'influence sur notre helléniste
que n'en avait eu son prédécesseur. En 1520 le roi de
France se trouvait à Ardres[1], où il recevait magnifi-
quement le roi d'Angleterre, Henri VIII. Voulant pré-
senter à son hôte illustre les hommes les plus distingués de son royaume, il ne manqua pas d'appeler Budé

---

[1] Département du Pas-de-Calais.

auprès de lui. Fasciné par les qualités brillantes du roi-chevalier, Budé revint à la cour qu'il avait désertée sous le règne précédent. La bienveillance du monarque eut tant de pouvoir sur lui, qu'elle lui fit oublier pendant un certain temps ses études, et suivre le prince dans ses expéditions[1], malgré son âge et son peu de goût pour le service militaire.

François Ier et toute la noblesse du temps s'inclinaient devant le mérite de Budé. Mais celui-ci ne flattait jamais le roi; il envisageait les faveurs de ce dernier comme un hommage rendu aux lettres plutôt qu'à lui-même. Il fut d'abord nommé administrateur général de la bibliothèque du prince; puis, sans que Budé eût fait la moindre insinuation et y eût même songé, François Ier le nomma maître des requêtes. Il reçut une lettre des plus flatteuses du prince, dans laquelle ce dernier joignait au brevet de cette charge la promesse de nouveaux priviléges. A cette époque, l'an 1522, le peuple de Paris le nomma à l'unanimité prévôt des marchands. C'était une magistrature bisannuelle qu'on n'accordait guère qu'aux gens de distinction.

Après avoir doté la bibliothèque de Paris des plus

---

[2] Dans les Flandres.

curieux manuscrits de l'antiquité, Budé engagea le roi à fonder celle de Fontainebleau ; puis, avec l'influence qu'il exerçait sur le prince, il contribua fortement à l'institution du Collége de France[1] et à celle des Lecteurs royaux. Le grand crédit qu'il obtint près du monarque ne tarda pas à lui faire des jaloux. Budé s'en aperçut, et quitta la cour, que la présence du chancelier Du Prat lui rendait odieuse. Il n'y allait que lorsque sa charge l'y appelait nécessairement. Quand Poyet fut nommé chancelier, à la place de Duprat, il pria Budé, son intime ami et son Nestor, comme il le disait lui-même, de revenir auprès de lui.

Au mois de juillet 1540, les chaleurs excessives forcèrent le roi à quitter Paris et à aller sur les côtes de Normandie chercher un peu de fraîcheur. Budé suivit François Ier dans son voyage. Mais le mauvais temps qui succéda à cette température tropicale rendit l'atmosphère malsaine, et Budé prit une fièvre dont les symptômes devinrent de jour en jour plus alarmants. Ramené à Paris sur son instante demande, au milieu de sa famille désespérée, il accomplit toutes les céré-

---

[1] L'influence que Budé exerça sur la fondation du collége de France semble trop claire par l'analyse de ses écrits, pour que nous revenions sur ce point. Il a amené François Ier à commencer une œuvre que d'autres rois ont achevée depuis.

monies d'un agonisant. C'est ainsi que, dans la paix la plus profonde, s'éteignit, le 20 août 1540, et à l'âge de 73 ans, cet homme illustre, digne à tous égards de la réputation dont il jouit encore de nos jours[1].

A la nouvelle de cette mort, François Ier fut vivement affecté ; mais le plus attristé de tous fut le chancelier Poyet, qui donna les marques de la plus grande affliction.

Budé laissait onze enfants, sept fils et quatre filles, qui reçurent tous une excellente éducation.

On adressa à Budé, après sa mort, un nombre considérable de pièces de vers. Les trois suivantes montrent à quel point ses contemporains le vénéraient.

> Quel est ce corps que si grand peuple suict ?
> Las c'est Budé, au cercueil estendu.
> Que ne font donc les clochiers plus grand bruit ?
> Son bruit sans cloche est assez espandu.
> Que na lon plus en torches despandu,
> Suivant la mode accoustumée et saincte ?
> Affin qu'il soit par lobscur entendu
> Que des François la lumière est estaincte.

---

[1] La statue de Budé est à l'hôtel de ville de Paris, son portrait à la bibliothèque publique de Genève et à la galerie de Versailles.

Budé a su triompher de la mort. Jadis il était mortel ; mais en étant comme il l'a été un sujet de gloire pour les Muses et pour sa patrie, il ne périt point, lors même qu'il est dans la tombe [1].

Budé a voulu être enterré de nuit, sans cierges ; on le comprend facilement : il était lui-même un flambeau projetant une éclatante lumière [2].

Budé était d'un caractère original ; pour en donner une idée, je ne puis mieux faire que de publier son testament :

« Je Guillaume Budé [3], ordonne mon corps être in-
« humé en l'église Monsieur Saint-Nicolas des Champs,
« à Paris, pour ce que mon domicile et maison par
« moi bâtie, *in spem perpetuæ moræ*, y est assise, et
« que je m'attends y mourir. A la fabrique de la dite
« église, je laisse douze livres dix sols tournois, pour
« l'ouverture de la terre et son des cloches durant

[1] Traduction d'une pièce de vers grecs.

[2] Traduction d'une pièce de vers latins.

[3] On voit que notre savant se nomme lui-même Budé et non Budée. Si l'on dit quelquefois Budée, c'est que cet illustre personnage était fort connu comme latiniste. On a donc fait son nom français de son nom latin, les mots latins terminés en *aeus* faisant des mots français terminés en *ée : Budaeus, Budée.* Mais le véritable nom est Budé.

« mon obit et le temps d'icelui. Je laisse au curé,
« ou celui qui tiendra son lieu durant le dit obit,
« quatre livres tournois, et dix sols au clerc de l'é-
« glise. Je veux être porté en terre de nuit et sans se-
« monce, à une torche ou à deux seulement, et ne
« veux être proclamé à l'église, ni à la ville, ni alors
« que je serai inhumé, ni le lendemain ; car je n'ap-
« prouverai jamais la coutume des cérémonies lugubres
« et pompes funèbres. Quoi qu'il en soit, je défends
« qu'on m'en fasse, tant pour ce, que pour autres
« choses qui ne se peuvent faire sans scandale. Et si
« je ne veux qu'il y ait ceinture funèbre, ni autre
« représentation à l'entour du lieu où je serai en-
« terré, le long de l'année de mon trépas, pour ce qu'il
« me semble être imitation des cénotaphes dont les
« Gentils anciennement ont usé; combien que j'estime
« la coutume de ce faire à l'entour des sépulchres des
« princes et prélats et autres grands personnages, dont
« la mémoire se doit célébrer ès lieux esquels ils ont
« eu domination, ou prélature, ou magistrat éminent. »

Comme on vient de le voir par la lecture de cette curieuse pièce, Budé fut enterré de nuit, sans pompe funèbre, ayant un seul cierge à la tête de son convoi. A quoi eussent servi ces cérémonies pleines de magnificence ? à rehausser son mérite et ses belles qualités ? Nullement. Le cortége immense de peuple et de savants qui vinrent avec respect lui rendre les derniers honneurs, donnèrent un assez beau témoignage du savoir et des vertus de ce grand homme.

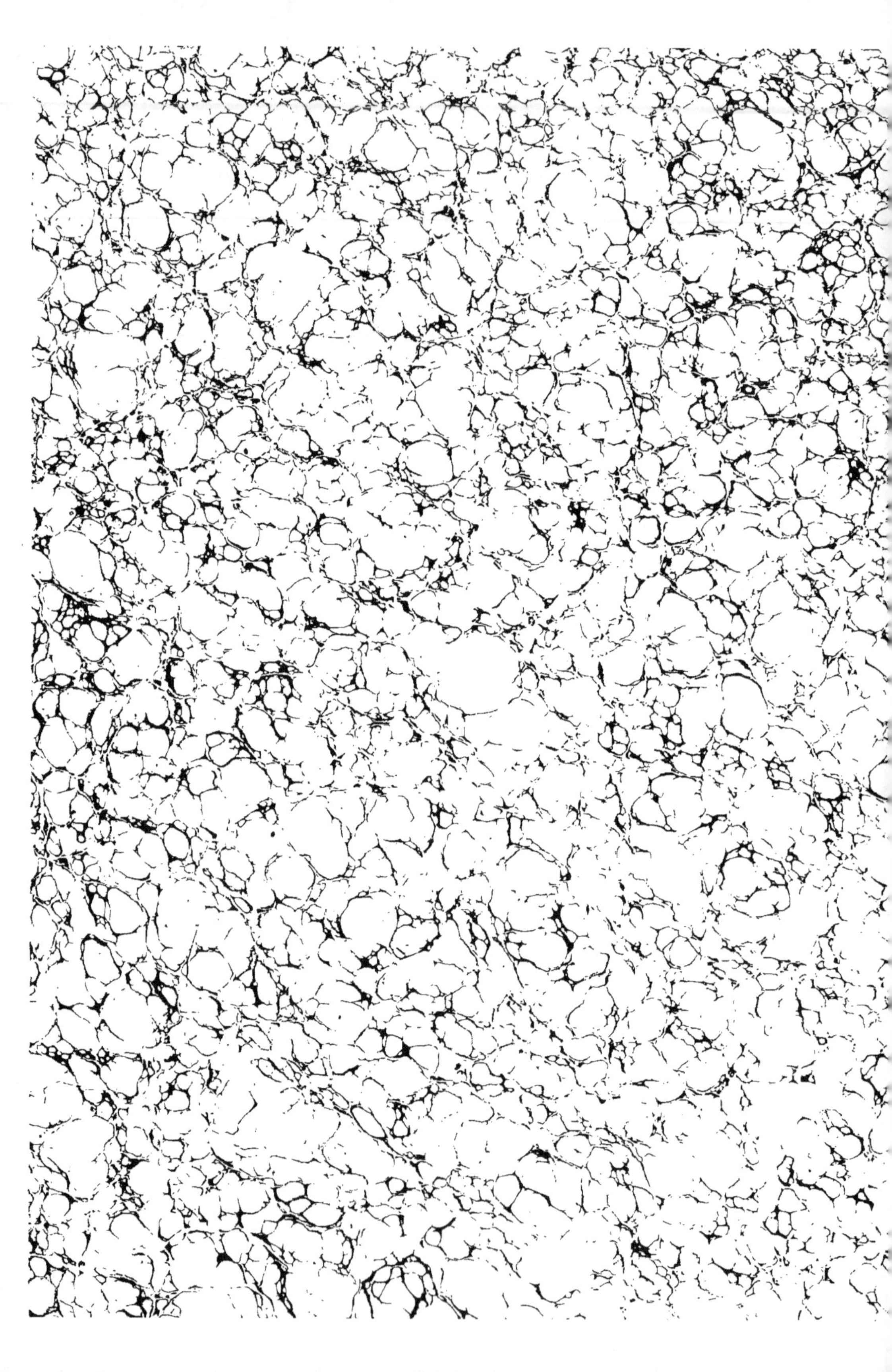

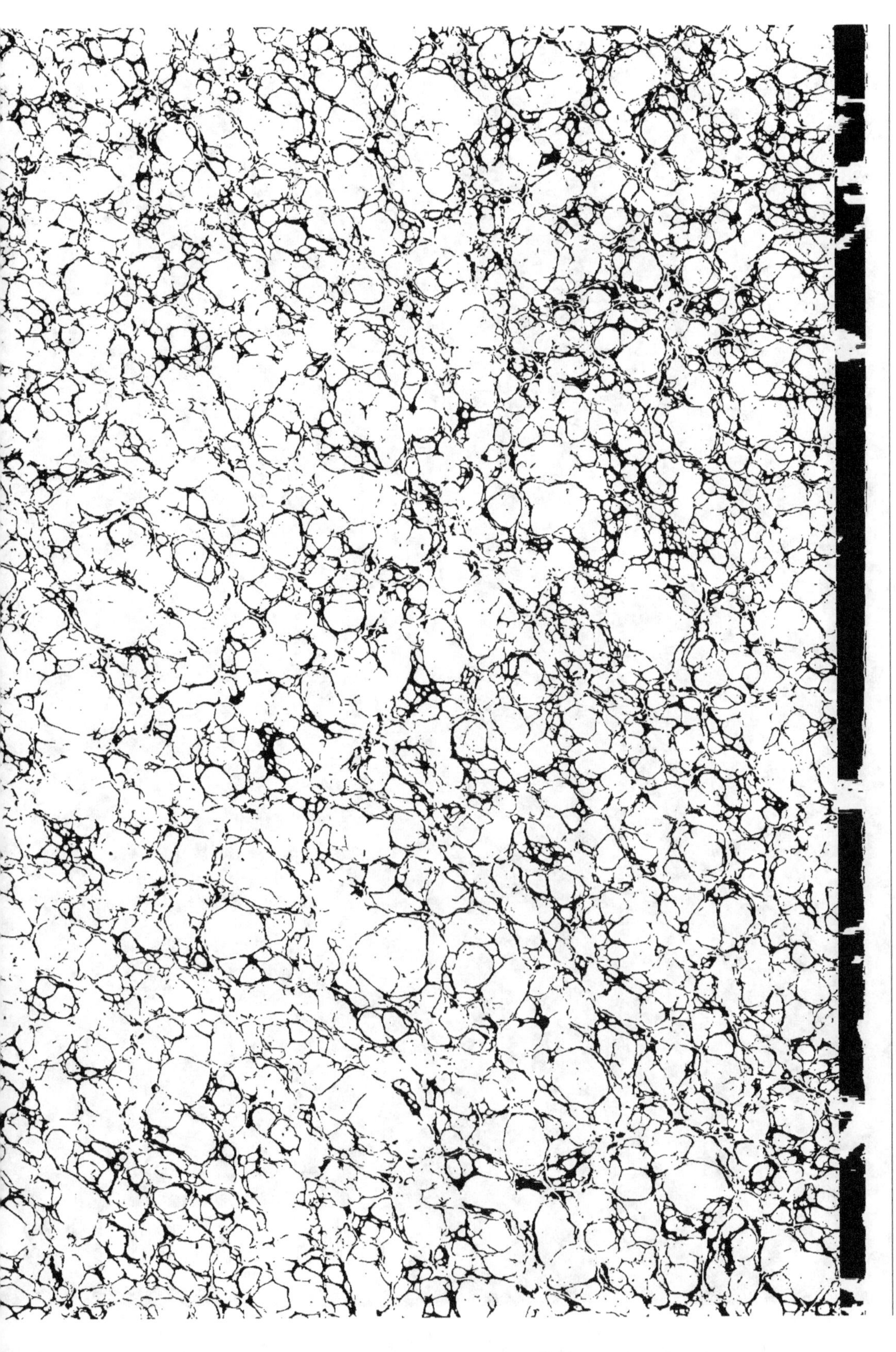

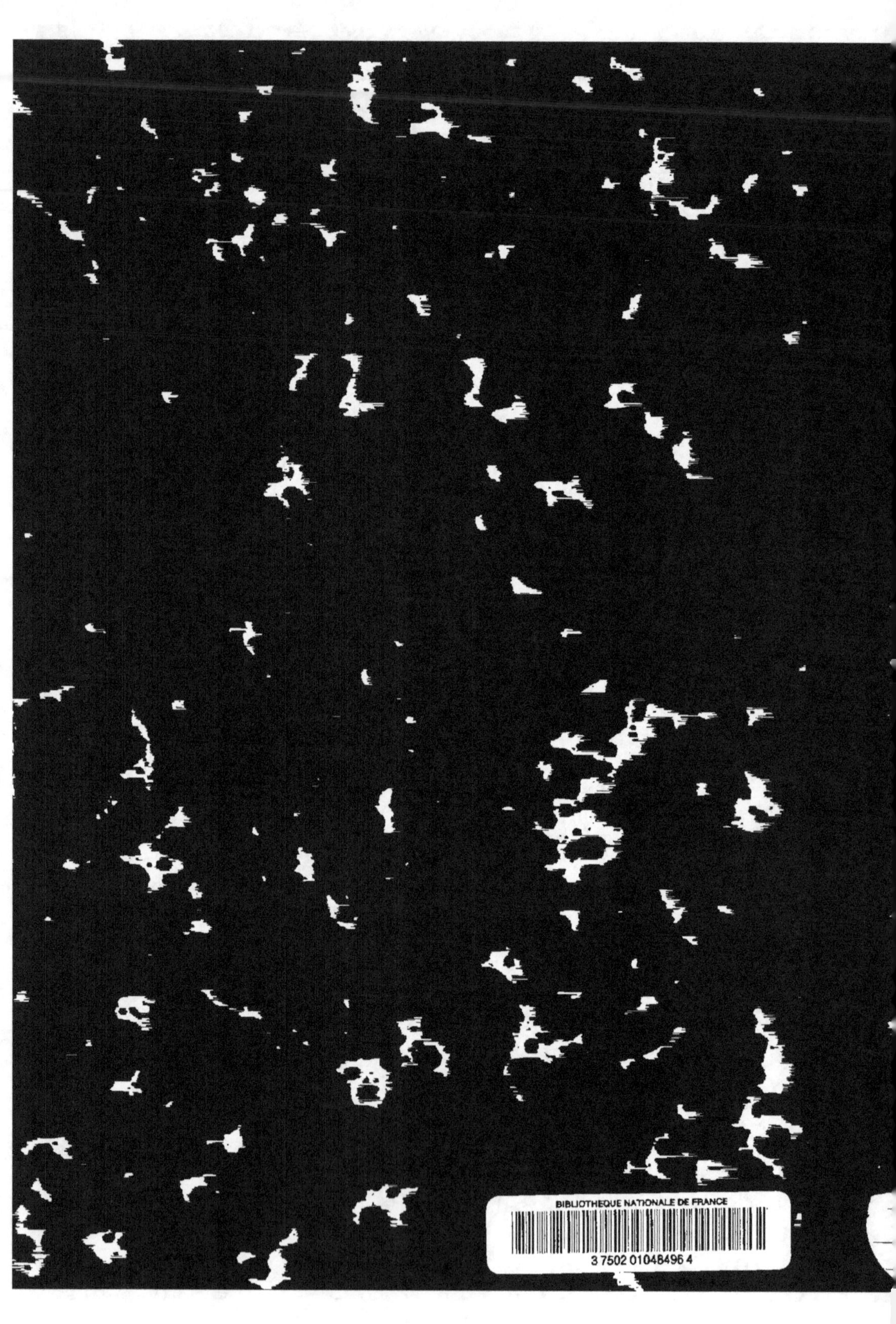